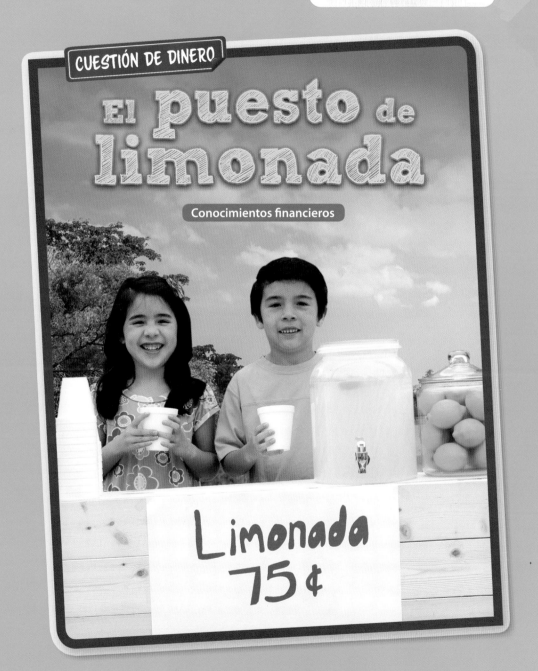

CUESTIÓN DE DINERO

El puesto de limonada

Conocimientos financieros

Limonada
75¢

Cathy D'Alessandro y Noelle Hoffmeister

Créditos de publicación

Rachelle Cracchiolo, M.S.Ed., *Editora comercial*
Conni Medina, M.A.Ed., *Gerente editorial*
Dona Herweck Rice, *Realizadora de la serie*
Emily R. Smith, M.A.Ed., *Realizadora de la serie*
Diana Kenney, M.A.Ed., NBCT, *Directora de contenido*
June Kikuchi, *Directora de contenido*
Caroline Gasca, M.S.Ed., *Editora superior*
Stacy Monsman, M.A., *Editora*
Michelle Jovin, M.A., *Editora asociada*
Sam Morales, M.A., *Editor asociado*
Fabiola Sepúlveda, *Diseñadora gráfica*
Jill Malcolm, *Diseñadora gráfica básica*

Créditos de imágenes: todas las imágenes de iStock y/o Shutterstock.

Teacher Created Materials
5301 Oceanus Drive
Huntington Beach, CA 92649-1030
www.tcmpub.com

ISBN 978-1-4258-2872-1
© 2019 Teacher Created Materials, Inc.
Printed in China
Nordica.072018.CA21800713

Contenido

Un día cálido de verano

Es un día cálido de verano. Juan y Rosa están dando vueltas por la casa, tratando de pensar en qué hacer.

—Sigo pensando en el **refugio** de animales que visitamos ayer —dice Rosa, mientras se tira en el suelo—. Esos perros eran tan lindos. Las personas necesitan dinero para cuidarlos. Me gustaría tener dinero para darles.

Rosa y Juan deciden que quieren ayudar. Primero, necesitan pensar en una manera de ganar dinero.

Rosa y Juan

Este perro espera
que alguien lo
lleve a casa.

La gran idea de Juan

De pronto, Juan salta del sillón.

—Espera, ¡tengo una idea! —grita—. ¿Y si vendemos limonada? Hace tanto calor afuera, ¡podríamos hacer una **fortuna**!

Rosa salta y choca los cinco con su hermano. Piensa que es una gran idea. Juan y Rosa corren a la cocina, donde preparan limonada helada y un letrero.

Luego, Juan y Rosa van a la entrada de su casa. Se sientan afuera durante horas, ¡pero nadie viene!

Juan espera a los clientes.

Mientras Juan y Rosa están sentados afuera, su mamá se acerca.

—¿Qué están haciendo? —pregunta—. Hay cucharas en la encimera y agua en el suelo. También hay una pila de limones en el fregadero.

Juan y Rosa se ven **avergonzados**.

—Lo sentimos, mamá —dice Rosa—. Solo intentábamos juntar dinero para el refugio de animales.

—Bueno, me alegra que quieran ayudar al refugio —responde su mamá—. ¡Pero no me alegra todo ese desastre!

limones

El agua en el piso puede ser peligrosa.

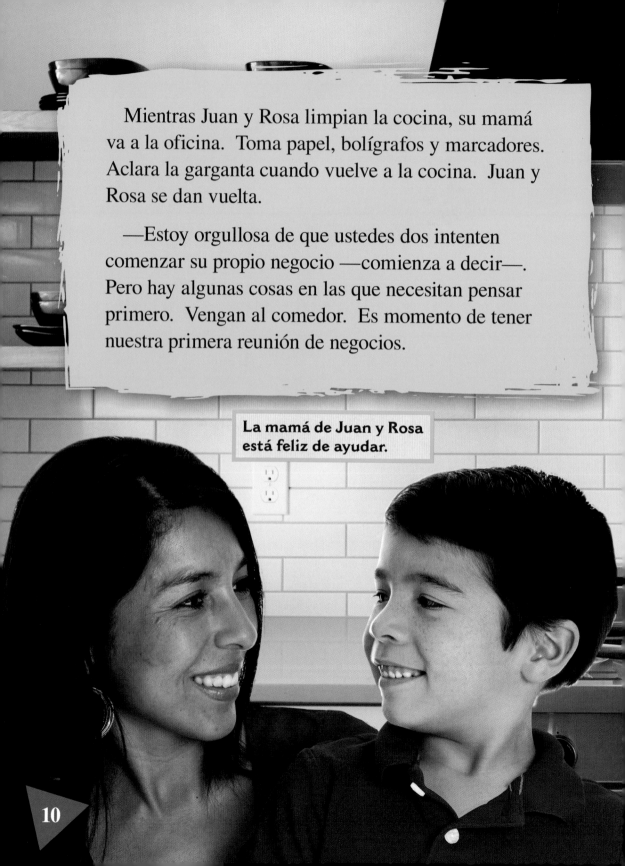

Mientras Juan y Rosa limpian la cocina, su mamá va a la oficina. Toma papel, bolígrafos y marcadores. Aclara la garganta cuando vuelve a la cocina. Juan y Rosa se dan vuelta.

—Estoy orgullosa de que ustedes dos intenten comenzar su propio negocio —comienza a decir—. Pero hay algunas cosas en las que necesitan pensar primero. Vengan al comedor. Es momento de tener nuestra primera reunión de negocios.

La mamá de Juan y Rosa está feliz de ayudar.

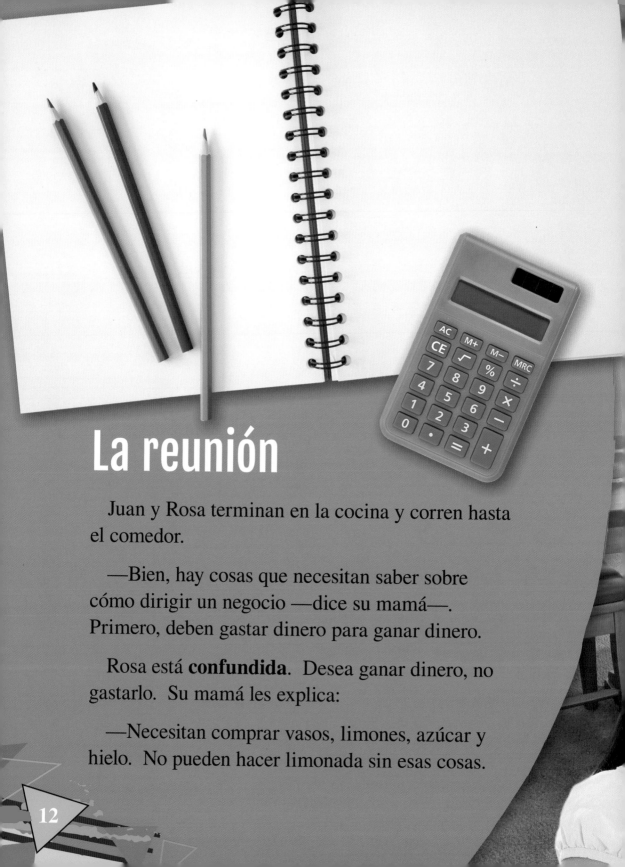

La reunión

Juan y Rosa terminan en la cocina y corren hasta el comedor.

—Bien, hay cosas que necesitan saber sobre cómo dirigir un negocio —dice su mamá—. Primero, deben gastar dinero para ganar dinero.

Rosa está **confundida**. Desea ganar dinero, no gastarlo. Su mamá les explica:

—Necesitan comprar vasos, limones, azúcar y hielo. No pueden hacer limonada sin esas cosas.

La mamá de Rosa y Juan les enseña más sobre cómo dirigir un negocio.

13

Rosa está **decepcionada**. Ha estado ahorrando dinero para una bicicleta nueva. No quiere comprar **suministros**. Entonces, Juan salta de la mesa.

—¡Tengo una idea! —dice—. ¿Y si simplemente tomamos vasos de la cocina? Así no tendríamos que gastar dinero.

Rosa piensa que es una gran idea, pero su mamá dice que no. Ella les dice que necesitan crear un **presupuesto**. Entonces, sabrán cuánto dinero pueden gastar. Rosa y Juan nunca habían hecho un presupuesto, pero cada uno toma una hoja de papel de su mamá y comienzan a escribir qué necesitarán.

Los costos son cosas por las que hay que pagar.

Costos

- vasos
- limones
- azúcar
- hielo

Una vez que Juan y Rosa tienen su lista, agregan el cálculo de cuánto dinero necesitarán.

—Parece que los suministros para nuestro puesto de limonada costarán alrededor de $20 —dice Rosa.

—Está bien —responde su mamá—. Les voy a **prestar** $20 para comenzar, y les dejaré usar mi jarra y mi mantel. Eso ayudará a ahorrar dinero.

Juan y Rosa agradecen a su mamá y acuerdan devolver el dinero. Juan, Rosa y su mamá van a la tienda a comprar suministros. ¡Ahora, Juan y Rosa pueden comenzar su negocio!

Juan y Rosa van a la tienda a comprar sus suministros. Rosa está a cargo de comprar paquetes de vasos y bolsas de limones. Tiene $20 para gastar. Los vasos cuestan $4 cada paquete. Los limones cuestan $3 cada bolsa.

1. Rosa compra 2 paquetes de vasos. ¿Cuánto dinero gasta? ¿Cuánto dinero le queda?

2. ¿Cuántas bolsas de limones puede comprar Rosa con el dinero restante?

La idea de papá

Cuando Rosa y Juan llegan a casa, le cuentan a su papá sobre su negocio. Cuando terminan, él les pregunta dónde pondrán su puesto de limonada.

—Pensábamos que en la entrada para el auto —responde Juan.

Su mamá no cree que sea buena idea. No pasan muchas personas por su casa.

—¿Qué les parece el parque cerca de la escuela? —pregunta su papá—. Habrá muchos partidos de fútbol este fin de semana. Habrá muchas personas con sed allí.

¡Todos piensan que es una gran idea!

Rosa, Juan y sus padres comienzan a **diseñar** sus letreros. Su papá está a cargo de hacer el letrero que indica el precio.

—Creo que deberíamos cobrar $10 por vaso —le dice Juan a su papá.

—Creo que deberíamos cobrar 10¢ por vaso —dice Rosa.

—Ninguno de los dos les dará **ganancia** —les responde su papá—. Juan, tu precio es muy alto, nadie gastará tanto. Rosa, tu precio es muy bajo, tendrás que vender muchos vasos de limonada para hacer dinero.

—¿Qué tal el vaso de limonada a 75¢? —pregunta Rosa.

Su papá piensa que es el precio perfecto.

Rosa y Juan hacen letreros para su puesto.

Limonada
Ayúdanos a juntar dinero para el refugio de animales

Limonada 75¢

20

Con la ayuda de su papá, Rosa y Juan deciden cobrar a los clientes 75¢ por el vaso de limonada. Describe cuatro maneras diferentes en que los clientes pueden pagar 75¢ usando monedas de 1 centavo, 5 centavos, 10 centavos y 25 centavos.

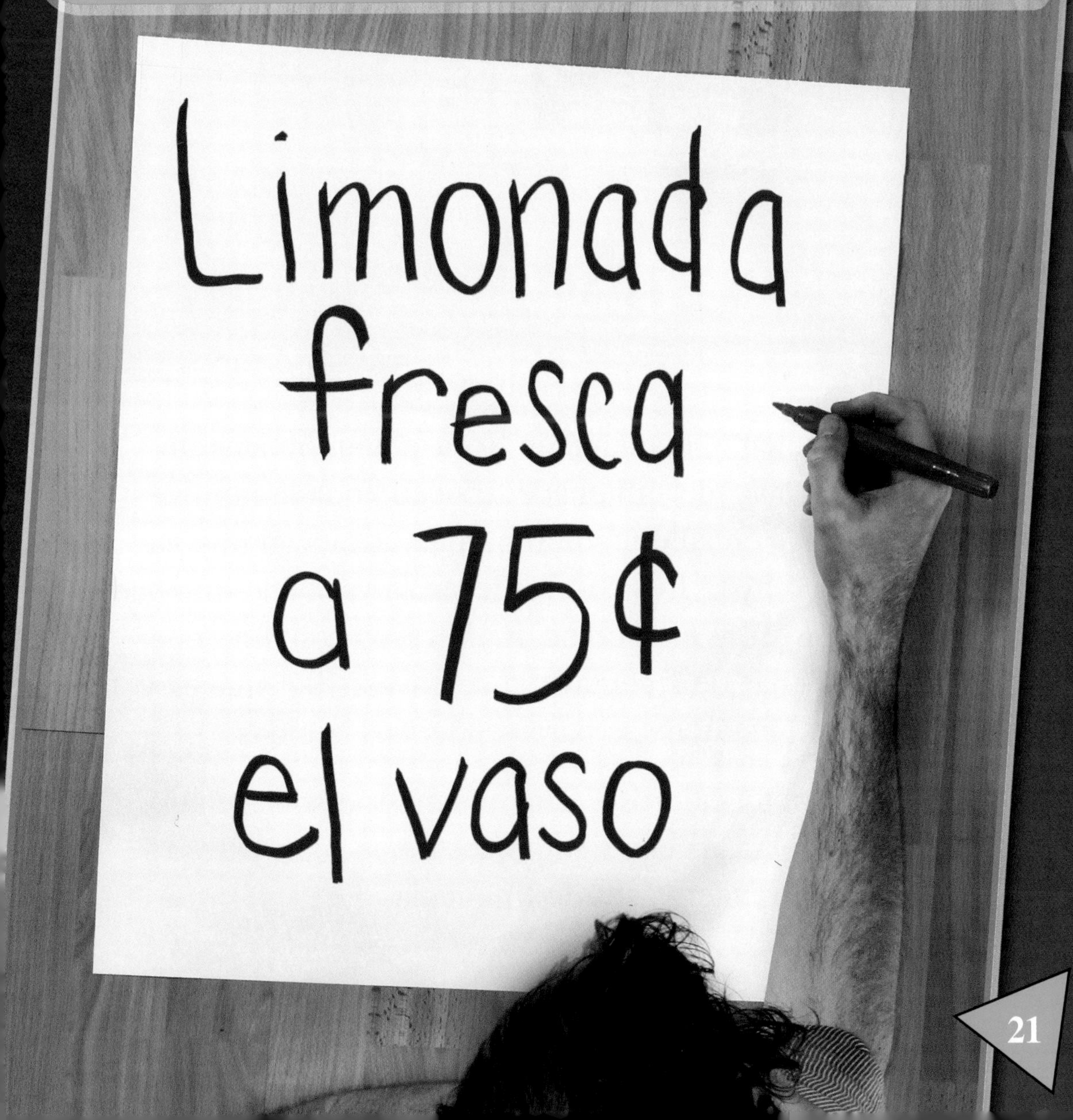

Limonada
fresca
a 75¢
el vaso

Juan y Rosa venden limonada.

Al día siguiente, la mamá de Rosa y Juan obtiene un **permiso** para vender limonada. Luego, toda la familia junta se dirige en automóvil al parque. Colocan una mesa y cuelgan letreros. Los padres llevan la vasija de limonada a la mesa. Rosa y Juan colocan un frasco con dinero. Tienen monedas de 1 centavo, 5 centavos, 10 centavos y 25 centavos. Están listos para vender sus bebidas.

Es un día muy caluroso. Hay muchas personas en el parque. No pasa mucho tiempo hasta que Juan y Rosa comienzan a vender vasos de limonada.

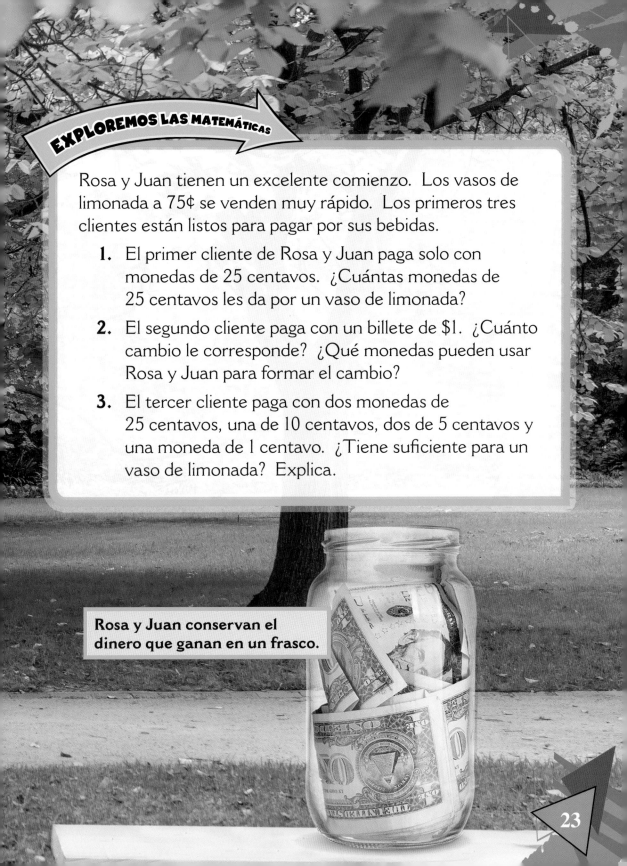

Rosa y Juan tienen un excelente comienzo. Los vasos de limonada a 75¢ se venden muy rápido. Los primeros tres clientes están listos para pagar por sus bebidas.

1. El primer cliente de Rosa y Juan paga solo con monedas de 25 centavos. ¿Cuántas monedas de 25 centavos les da por un vaso de limonada?

2. El segundo cliente paga con un billete de $1. ¿Cuánto cambio le corresponde? ¿Qué monedas pueden usar Rosa y Juan para formar el cambio?

3. El tercer cliente paga con dos monedas de 25 centavos, una de 10 centavos, dos de 5 centavos y una moneda de 1 centavo. ¿Tiene suficiente para un vaso de limonada? Explica.

Rosa y Juan conservan el dinero que ganan en un frasco.

Juan y Rosa venden toda su limonada. Están **ansiosos** por saber cuánto dinero hicieron.

Cuando llegan a casa, cuentan su dinero con su mamá y su papá. Hicieron $35 de la venta de limonada. Juan y Rosa le dan $20 a su mamá para pagar el préstamo. Se quedan con $15 de ganancia.

Eso es mucho dinero. Rosa y Juan deciden volver al parque mañana. Pueden hacer mucho más dinero para el refugio de animales.

Rosa y Juan tienen $15 para el refugio de animales.

refugio de animales

Rosa está emocionada por haber ganado tanto dinero.

Limonada 75¢

Ganar dinero

La familia vuelve al parque al día siguiente. Les toma dos horas vender toda la limonada. Al final del día, Juan y Rosa cuentan su dinero.

—¡Ganamos $30 hoy! ¡Viva! —grita Juan.

—¡Hurra! —exclama Rosa.

Juan y Rosa están felices de tener $45. Su mamá los ayuda a enviar el dinero al refugio de animales.

Su papá dice que piensa que deberían volver al parque el fin de semana siguiente. Así, podrán ganar dinero para algo más que les interese. Juan y Rosa creen que es una gran idea. ¡Ya quieren que llegue el próximo fin de semana!

Rosa y Juan envían dos billetes de $20 y cinco billetes de $1, o $45, al refugio de animales.

refugio de animales

27

🛠️ Resolución de problemas

Imagina que estás comenzando tu propio negocio. Cortarás el césped, barrerás las hojas y regarás las flores para las personas en tu vecindario. Haces un volante para indicar el precio de cada servicio. Usa el volante para responder las preguntas.

1. ¿Cuánto dinero ganarás si cortas el césped 5 veces?

2. La Sra. Ellis te pide que cortes su césped y riegues sus flores. Te paga con un billete de $20. ¿Cuánto cambio le debes? Describe dos maneras de formar el cambio usando billetes de $1 y $5.

3. ¿Cuánto dinero ganarás si barres las hojas para 4 de tus vecinos?

4. Si tus padres te dan un préstamo de $16, ¿cuántas veces tendrás que regar flores para devolver el préstamo?

5. El Sr. Roberts te contrata para que barras sus hojas. Te paga con 3 dólares, cuatro monedas de 25 centavos, cinco monedas de 10 centavos, cinco monedas de 5 centavos y veinticinco monedas de 1 centavo. ¿Es suficiente dinero? Explica.

Servicios de jardinería

cortar el césped $10

barrer las hojas $5

regar las flores $2

Glosario

ansiosos: con mucho interés y entusiasmo

avergonzados: que se sintieron en ridículo frente a otros

confundida: que no puede entender algo

decepcionada: triste porque algo no sucedió

diseñar: planificar cómo se creará o construirá algo

fortuna: mucho dinero

ganancia: el dinero que se obtiene en un negocio después de pagar todos los costos

permiso: un documento que dice que una persona puede tener o hacer algo

prestar: dar dinero a una persona con la promesa de que lo va a devolver

presupuesto: un plan para determinar cómo se gastará una cantidad de dinero

refugio: un lugar que da comida y vivienda a personas o animales que necesitan ayuda

suministros: cosas necesarias para hacer algo

Índice

Soluciones

Exploremos las matemáticas

página 17:

1. Rosa gasta $8; le quedan $12.

2. 4 bolsas de limones

página 21:

Las respuestas variarán, pero pueden incluir: 3 monedas de 25 centavos; 2 monedas de 25 centavos, 2 monedas de 10 centavos y 1 moneda de 5 centavos; 7 monedas de 10 centavos y 5 monedas de 1 centavo; o 75 monedas de 1 centavo.

página 23:

1. 3 monedas de 25 centavos

2. Le corresponden 25¢; las respuestas variarán, pero pueden incluir 1 moneda de 25 centavos; 1 moneda de 10 centavos y 3 monedas de 5 centavos; o 25 monedas de 1 centavo.

3. No, no tiene suficiente; las respuestas variarán, pero pueden incluir que

2 monedas de 25 centavos + 1 moneda de 10 centavos + 2 monedas de 5 centavos + 1 moneda de 1 centavo = 71¢, y el vaso de limonada cuesta 75¢, así que no tiene suficiente dinero.

Resolución de problemas

1. $50

2. $8; 1 billete de $5 y 3 billetes de $1 u 8 billetes de $1

3. $20

4. Habrá que regar 8 veces.

5. Sí, es suficiente dinero; las respuestas variarán, pero pueden incluir: 3 dólares = $3; 4 monedas de 25 centavos = $1; 5 monedas de 10 centavos = 50¢; 5 monedas de 5 centavos = 25¢; 25 monedas de 1 centavo = 25¢, así que $3 + $1 + 50¢ + 25¢ + 25¢ = $5, y cuesta $5 barrer las hojas.